BEI GRIN MACHT SICH IHR WISSEN BEZAHLT

IT-Sicherheit und das Betriebssystem. Unterstützung durch das Betriebssystem und alternative Lösungsansätze

Norbert Hirschpek

GRIN ☺

Bibliografische Information der Deutschen Nationalbibliothek:

Die Deutsche Nationalbibliothek verzeichnet diese Publikation in der
Deutschen Nationalbibliografie; detaillierte bibliografische Daten sind
im Internet über http://dnb.d-nb.de abrufbar.

ISBN: 9783346286208
Dieses Buch ist auch als E-Book erhältlich.

© GRIN Publishing GmbH
Nymphenburger Straße 86
80636 München

Druck und Bindung: Books on Demand GmbH, Norderstedt Germany
Gedruckt auf säurefreiem Papier aus verantwortungsvollen Quellen

Das vorliegende Werk wurde sorgfältig erarbeitet. Dennoch
übernehmen Autoren und Verlag für die Richtigkeit von Angaben,
Hinweisen, Links und Ratschlägen sowie eventuelle Druckfehler keine
Haftung.

Das Buch bei GRIN: https://www.grin.com/document/944589

FOM Hochschule für Oekonomie & Management Essen

Berufsbegleitender Studiengang zum

Bachelor of Science (B.Sc.) Wirtschaftsinformatik

7. Semester

Seminararbeit in Betriebssysteme

IT-Sicherheit, Unterstützung durch das Betriebssystem, alternative Lösungsansätze

Abgabedatum: 25.05.2020

Inhaltsverzeichnis

Abkürzungsverzeichnis

5G	Fünfte Generation
BSI	Bundesamt für Sicherheit in der Informationstechnik
BSI	British Standards Institution
IE	Internet Explorer von Microsoft
IEC	International Electrotechnical Commission
IP	Internet Protocol
ISMS	Information Security Management System
ISO	International Organization for Standardization
IT	Informationstechnologie
KRACK	Key Reinstallation Attack
OS	Operating System
PC	Personal Computer
SMS	Short Message Service
TAN	Transaction Number
VPN	Virtual private Network
WLAN	Wireless Local Area Network
WPA	Wi-Fi Protected Access

Abbildungsverzeichnis

1 Einleitung

Die digitale Revolution begann in den 1940ern mit der Entwicklung des Computers und bildet sich seitdem ständig weiter aus. Den Höhepunkt bilden aktuell die technische Vielfalt des Internets sowie die zunehmende Digitalisierung von Geschäftsprozessen. Das Internet verbindet Milliarden von Menschen und rund 40 Milliarden von mobilen Endgeräten miteinander. Die ausgeprägte digitale Vernetzung ermöglicht autonomes Fahren, wie auch lückenlose Überwachung und Cyberkriminalität. Der Fortschritt der Kommunikationstechnik kreiert die Vision einer weitumfassenden Vernetzung von Computern und mobilen Endgeräten. Teure Kabelverbindungen werden durch Mikroprozessoren und Funksensoren ersetzt. Der technologische Wandel wurde von Menschen in Überschall erschaffen und die IT-Sicherheit trottet noch hinterher. Es können weltweit im Sekundentakt Millionen von Hacker- und Lauschangriffen registriert werden. Dadurch entstehen nicht nur gewaltige wirtschaftliche Schäden, sondern auch datenschutzbedürftige Missbrauchsfälle im Bereich der Privatsphäre. Die Annahme, die aktuelle Sicherheitstechnik sei ausreichend, ist unbefriedigend. Sie beruht auf der einzigen Tatsache, dass es dem Angreifer aufgrund physikalischer Rechenleistung nicht möglich ist, Verschlüsselungen zu hacken.[1] Zu den heut bekannten Cyber-Attacken zählen, Ausfälle von Systemen, manipulierte und missbräuchlich verwendete Daten und auch zerstörte Daten. Dies wird durch Massen E-Mails mit Viren und viele weiteren einfachen und komplexen Hack-Methoden verursacht. Die kontinuierliche Internetanbindung der Computer, bieten optimale Voraussetzungen für Cyber-Angriffe.[2] Ein nicht zu unterschätzender Punkt erfolgreicher Angriffe, bildet die Unwissenheit und das Fehlverhalten der Nutzer.[3]

1.1 Problemstellung

Die mangelnde IT-Sicherheit und die mutmaßlichen Cyber-Attacken stellen die Gesellschaft an die Wand. Täglich werden weitere Sicherheitslücken in Betriebssystemen und anderen Software-Systemen aufgedeckt und von Hackern eiskalt ausgenutzt. Es stellt sich auch die Frage, welche Informationstechnologischen Trends wir

---

[1] Vgl. *Fürnkranz, G.*, Vision Quanten-Internet, 2019, S. 1ff.
[2] Vgl. *Hanschke, I.*, Informationssicherheit und Datenschutz systematisch und nachhaltig gestalten, 2020, S. 1f.
[3] Vgl. *Darms, M. et al.*, IT-Sicherheit und Datenschutz im Gesundheitswesen, 2019, S. 71f.

momentan ausgesetzt sind und was die Fachliteratur und Internetrecherche für die IT-Sicherheit prognostiziert.

1.2 Zielsetzung

Diese Arbeit soll die aktuelle Situation der IT-Sicherheit in Bezug auf Betriebssystemen darstellen. Welche Schwachstellen können entstehen und wie kann ein Betriebssystem optimiert werden. Die wissenschaftliche Recherche fokussiert sich auf einige Themen der IT-Sicherheit sowie der wichtigsten Steuerungselementen des Betriebssystems. Da es sich hierbei nicht um ein umfassendes Buch handelt, können nicht alle bekannten Hackerangriffsmöglichkeiten sowie alle möglichen Sicherheitsvorkehrungen aufgeführt werden. Diese würde den Rahmen dieser Arbeit noch mehr sprengen.

1.3 Vorgehensweise

Nach der Einleitung befasst sich die Arbeit im Kapitel 2 mit der Definition und dem Einsatz von Betriebssystemen. Im 3. Kapitel gibt es eine Überleitung zur IT-Sicherheit. Hierbei werden die wichtigsten Aspekte erwähnt und die Sicherheitslücken des Betriebssystems erarbeitet. Dabei werden auch Bedrohungen formuliert, die nur sekundär das Betriebssystem betreffen. Kapitel 4 zeigt Optimierungsmöglichkeiten des Betriebssystems in Bezug zur IT-Sicherheit auf. Ab dem Kapitel 4.4 werden alternative Möglichkeiten notiert. Diese wurden in der Fachliteratur nur unterschwellig mit der IT-Sicherheit in Verbindung gebracht. Die Arbeit soll wissenschaftliche Fakten darlegen, die aktiv umgesetzt werden können aber auch einen Anreiz zum Umdenken geben. Die alternativen Lösungen können zukünftig einen höheren Stellenwert erlangen als Sie momentan erreicht haben.

2 Betriebssysteme

Das am häufigsten genutzte Server-Betriebssystem ist Windows. Gefolgt von Mac OS, Unix und Linux. Die darunterfallende Kategorie der Client-Betriebssysteme weist die gleiche Reihenfolge der Hersteller auf. In einem Unternehmen kommen verschiedene Serverarten zum Einsatz, um auf Clientebene, den Nutzer ein Arbeitsumfeld zu schaffen. Das Client-Betriebssystem sorgt dann lokal auf dem jeweiligen Rechner (PC) dafür, dem User Arbeitsvorgänge im geschäftlichen als auch im privaten Bereich, zu ermöglichen. In Unternehmen werden die Vernetzung und Verwaltung der Mitarbeiter-Rechner über das Internet bzw. über ein Intranet vorgenommen.[4]

2.1 Definition

Ein Betriebssystem ist eine Systemsoftware. Eine Systemsoftware (Software), schafft die Infrastruktur für das Zusammenspiel von Anwendungen und Entwicklungen auf den Computern. Gleichzeitig bildet sie Schnittstellen zur Hardware und anderen Systemen.[5]

2.2 Aufbau

Ein Computer besteht aus der Hardware und einem Betriebssystem (Software). Der Betriebssystemkern (Kernel) ermöglicht das Ausführen von Systemprozessen. Diese Prozesse erbringen Dienstleistungen für das Betriebssystem. Diese Kernfunktionalitäten sind z.B. die Verwaltung der Hardwarekomponenten, Daten in unterschiedliche Datenspeichern verarbeiten, Interprozesskommunikation und Verwaltung von Benutzer sowie Benutzergruppen. Auf der Hierarchieebene befinden sich über dem Betriebssystem verschiedene Benutzerprozesse. Diese werden vom Benutzer dem Betriebssystem zur Ausführung, in Auftrag gegeben.[6]

[4] Vgl. *Kees, A. et al.*, Open Source Enterprise Software, 2019, S. 50f.
[5] Vgl. *Kees, A. et al.*, Open Source Enterprise Software, 2019, S. 9.
[6] Vgl. *Baun, C.*, Operating Systems/ Betriebssysteme, 2020, S. 16f.

Abbildung 1: Interaktion PC

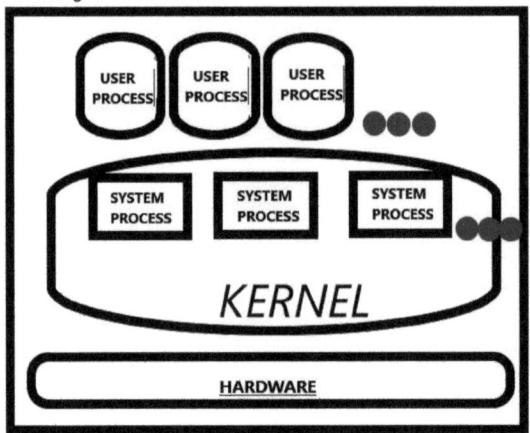

Quelle: In Anlehnung an *Baun, C.*, Operating Systems/ Betriebssysteme, 2020, S. 16f

Das Schichtenmodell beschreibt die verschiedenen Schichten eines Betriebssystems. Diese Komponenten sind logisch aufgebaut. Zur einfacheren Beschreibung werden wie folgt 3 Schichten beschrieben. Die innerste Schicht ist direkt mit der Hardware in Kontakt. Die Mittlere Schicht bietet grundlegend Ein- und Ausgabe Dienste für Daten und Geräte. Die äußerste Schicht umfasst Anwendungsprogramme sowie die Benutzerschnittstelle. Die verschiedenen Schichten kommunizieren mit ihren benachbarten Schichten.[7]

2.3 Relevanz

Ein Betriebssystem ist eine Software, die primäre Inhalte aus der praktischen Informatik einbezieht. Gleichzeitig ist einer der Hauptaufgaben des Betriebssystems, den jeweiligen Computer zu steuern. Dies fällt in den Bereich der technischen Informatik.[8]

---

[7] Vgl. *Baun, C.*, Operating Systems/ Betriebssysteme, 2020, S. 37f.
[8] Vgl. *Baun, C.*, Operating Systems/ Betriebssysteme, 2020, S. 15f.

2.4 Sicherheitslücken

Die Grafik veranschaulicht die bekannten der Betriebssysteme und die Häufigkeit der registrierten Sicherheitslücken. Das Android Betriebssystem von Google, zeigt sich als deutlicher Spitzenreiter und stellt somit das größte Sicherheitsrisiko der gängigen Betriebssysteme dar. Es gibt mehrere Windows Betriebssysteme, jedoch wird das aktuelle Windows 10 Betriebssystem in Betracht gezogen, welches hier am besten abschneidet.[9]

Abbildung 2: Sicherheit Windows10

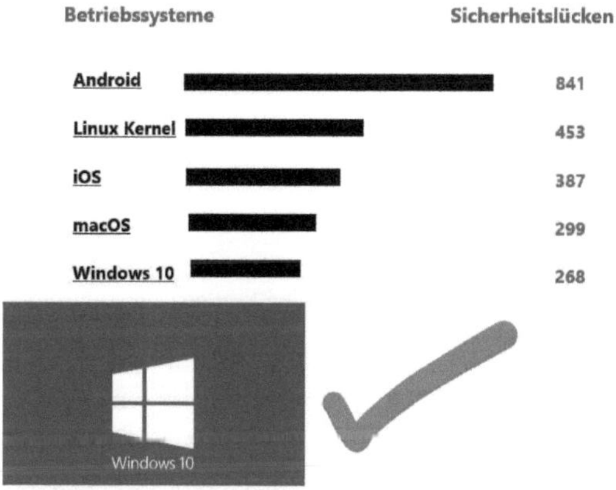

Betriebssysteme	Sicherheitslücken
Android	841
Linux Kernel	453
iOS	387
macOS	299
Windows 10	268

Quelle: In Anlehnung an *Brandt, M.*, Sicherheitsrisiko Betriebssystem, 2018

3 IT-Sicherheit

Die ISO 27001 und 27002 weisen noch Formulierungen der Standard Richtlinien des älteren BS (British Standard) 7799 auf. Die British Standard Institution ist eine international anerkannte Zertifizierungsstelle für ISO 27001 und ist sowohl mit deutschsprachigen Seiten im Internet vertreten. Mittlerweile ist dieses Netzwerk weit ausgebaut und in verschiedenen Ländern mit ausgewählten Zertifizierungsstellen, vertreten.[10] In Deutschland wird die Zertifizierung dem BSI (Bundesamt für Sicherheit in

---

[9] Vgl. *Brandt, M.*, Sicherheitsrisiko Betriebssystem, 2018
[10] Vgl. *Kersten, H. et al.*, IT-Sicherheitsmanagement nach der neuen ISO 27001, 2020, S. 1ff.

der Informationstechnik) zugeschrieben. Die Zertifizierung nach ISO 27001 erfolgt auf Basis des IT-Grundschutzes.[11]

3.1 Definition

Die IT-Sicherheit ist Bestandteil der Informationssicherheit und dient unter anderem zum Schutz elektronisch gespeicherter Informationen sowie deren Verarbeitung. Damit ist, die Funktionssicherheit und Zuverlässigkeit der IT-Systeme, gemeint. Die IT-Sicherheit gilt ebenfalls in der Cyber-Sicherheit und wird auf den gesamten Cyber-Raum ausgeweitet. Die IT-Sicherheit umfasst ebenso den Datenschutz. Dieser schützt personenbezogene Daten vor missbräuchlicher Verwendung und Datenverarbeitung. Es gilt das Recht des Einzelnen auf informationelle Selbstbestimmung. Durch Gesetze, Normen, Regulatoren und Richtlinien soll der Schutz leichter eingehalten werden können.[12]

3.2 Grundwerte

Der IT-Grundschutz liefert Richtlinien und einen Standard zur Ausprägung und Einhaltung der IT-Sicherheit. Der BSI entwickelt diese Standards in regelmäßigen Abständen weiter und gleicht sie gegen den internationalen Normen ISO/IEC 27001 ab. Die wesentlichen Bestandteile und Richtlinien des IT-Grundschutzes sind:

- BSI-Standards zur Gewährleistung der Informationssicherheit
- ISMS – Managementsysteme für Informationssicherheit
- Vorgehensweise, Risikoanalyse und Notfallmanagement

Ziel ist es, konkrete Sicherheitsanforderungen, Umsetzungshinweise, Mindestanforderungen und Sicherheitsmaßnahmen zu beschreiben und zu definieren. Bei einem erhöhten Schutzbedarf kann nach einer Analyse ein Sicherheitskonzept weitere organisatorische, personelle und technische Sicherheitsmaßnahmen erfassen und vorgeben. Der IT-Grundschutz findet in der IT-Umgebung und in Unternehmen Anwendung.[13]

---

[11] Vgl. *o. V.*, BSI und ISO, 2020
[12] Vgl. *Hanschke, I.*, Informationssicherheit und Datenschutz systematisch und nachhaltig gestalten, 2020, S. 2.
[13] Vgl. *Hanschke, I.*, Informationssicherheit und Datenschutz systematisch und nachhaltig gestalten, 2020, S. 18ff.

Die Sicherheitsziele und Grundwerte des IT-Grundschutzes können in 3 Grundbereiche formuliert werden:

- Vertraulichkeit (Informationen nur für Autorisierte sowie Verschlüsselung)
- Integrität (nur autorisierte Veränderungen sowie digitale Signaturen)
- Verfügbarkeit (ausfallsichere Stromversorgung sowie Datenmanagement)

Bei den Punkten Integrität und Verfügbarkeit, zählen genauso IT-Systeme, IT-Anwendungen und allgemeine Prozesse dazu.[14]

In Bezug auf den Datenschutz können noch drei weitere Punkte genannt werden:

- Intervenierbarkeit (Löschen, Sperren, Auskunftserteilung seiner Daten)
- Unverknüpfbarkeit (Abschottung und Datensparsamkeit seiner Daten)
- Revisionsfähigkeit (Protokollierung bei Erhebung/Bearbeitung seiner Daten)[15]

3.3 ISMS

Der ISO Standard 27001 beschäftigt sich umfassend mit dem ISMS. Dieses Informations-Sicherheits-Management-System definiert die Leitlinien für folgende Aufführungen:

- Risiken und Chancen analysieren
- Rollen und Verantwortlichkeiten bestimmen
- Verfahren und Methoden vermitteln
- Maßnahmenregelung umsetzen
- Überprüfungen auswerten

Das ISMS kommt in Organisationen, darunter zählen natürlich auch Unternehmen, zum Einsatz. Dieses Management befasst sich mit der gesamten Organisation. Sie kann aber in Einzelfällen auch nur für bestimmte Standorte oder Prozesse, einer

---

[14] Vgl. *Kersten, H. et al.*, IT-Sicherheitsmanagement nach der neuen ISO 27001, 2020, S. 6f.
[15] Vgl. *Darms, M. et al.*, IT-Sicherheit und Datenschutz im Gesundheitswesen, 2019, S. 48.

Organisation, zum Einsatz kommen.[16] Eine Zertifizierung nach ISO 27001 durch autorisierte Stellen ist nicht nur ein immer wichtig werdender Punkt, sondern häufig wird diese Konformität auch von externen und gesetzlichen Voraussetzungen angefordert.[17]

3.4 Bedrohungen im Betriebssystem

Im BSI-Katalog gilt als „Bibel" für die IT-Sicherheit. Im Jahre 2016 erfasste diese Ausgabe satte 5082 Seiten. Darin werden technische Sicherheitsmaßnahmen, infrastrukturelle, organisatorische wie auch personelle Schutzmaßnahmen, beschrieben. Sicherheitsmaßnahmen in Bezug zum Betriebssystem, sind dort ebenfalls ersichtlich. Sofern eine Erstellung von Sicherheitsvorschriften im Unternehmen geplant ist, lohnt es sich stark einen Blick in diesen frei verfügbaren Standard zu werfen.

In den sechs Gefährdungs- und Maßnahmenkatalogen geht es auch um:

- Hackerangriffe
- vorsätzliche Handlungen
- technisches Versagen
- menschliche Fehlhandlungen
- organisatorische Mängel
- Diebstahl und Schadprogramme im IT-Umfeld

Gefährdungen durch Schwachstellen und Bugs in Betriebssystemen werden sogar unter „elementare Gefährdungen" hoch eingestuft.[18]

3.4.1 Technische Ebene

Die folgende Grafik zeigt, dass schon bei der Auswahl des Internet Browsers bekannte Schwachstellen vermieden werden könnten. Der Microsoft IE führt an dieser Stelle. Die Zahl dürfte sich zugunsten des Microsoft Internet Explorers im Vergleich

[16] Vgl. *Kersten, H. et al.,* IT-Sicherheitsmanagement nach der neuen ISO 27001, 2020, S. 5f.
[17] Vgl. *Kersten, H. et al.,* IT-Sicherheitsmanagement nach der neuen ISO 27001, 2020, S. 77.
[18] Vgl. *Darms, M. et al.,* IT-Sicherheit und Datenschutz im Gesundheitswesen, 2019, S. 82ff.

zu den Konkurrenten wieder ein wenig angeglichen haben. Trotzdem ist die Verwendung vom IE mit Vorsicht zu genießen.[19]

Abbildung 3: Web Browser

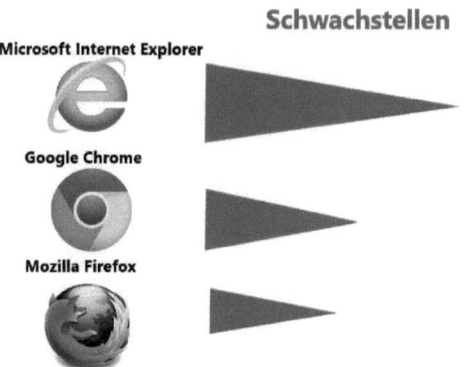

Quelle: In Anlehnung an *Brandt, M.*, Sicherheitsrisiko Software, 2015

Einer Studie aus dem Jahre 2018 zufolge gibt es einen deutlichen Anstieg der Angriffe auf die Microsoft Office Produkte, die auch cloudbasiert zugänglich gemacht wurden.[20] Auf der technischen Ebene lassen sich ebenso im Authentifizierungsverfahren Sicherheitslücken aufweisen. Die symmetrische Kryptographie baut eine Verbindung mit zwei Parteien auf. Die Kommunikation erfolgt mit einem gleichen Schlüssel. In der asymmetrischen Kryptographie gibt es mehr als einen Schlüssel. Das Schlüsselpaar besteht aus einem öffentlichen Schlüssel (Zertifikate) und einem privaten Schlüssel (Signatur). Der öffentliche Schlüssel kann den Sender also den privaten Schlüssel jeweils zuordnen und identifizieren. Dies geht jedoch nur solange gut, bis keine 3. Partei diesen Schlüssel ausfindig machen kann.[21] Die Kryptographie (verschlüsselte Kommunikation) als auch die Verschlüsselung (verschlüsselter Inhalt) fallen unter dem Schutzbereich der „Vertraulichkeit".[22] Sobald in einem Netz-

---

[19] Vgl. *Brandt, M.*, Sicherheitsrisiko Software, 2015
[20] Vgl. *Brandt, M.*, Hacker Angriffe, 2019
[21] Vgl. *Westhoff, D.*, Mobile Security, 2020, S. 29ff.
[22] Vgl. *Westhoff, D.*, Mobile Security, 2020, S. 32f.

werk die verschlüsselte Übertragung durchgeführt werden soll, kommt die soge-
nannte „Sicherungsschicht" eines Protokolls zum Einsatz. Leider können bei der
Übertragung Fehler aufkommen. Diese sind als falsch Bitfolgen ersichtlich. Das Kor-
rekturverfahren, welches diese Fehler auf Empfängerseite vorbeugen soll, ist die
Schwachstelle die Hacker aufspüren, um eine fehlerhafte Übertragung vorzutäu-
schen und auszunutzen.[23] Die Bitübertragungs- und Sicherungsschicht kommen in
kabelgebundenen Vernetzungstechnologien als auch in Funknetztechnologien vor.
In der folgenden Veranschaulichung wird ersichtlich, wo Hackerangriffe überall statt-
finden können.[24]

Abbildung 4: Kommunikationssysteme

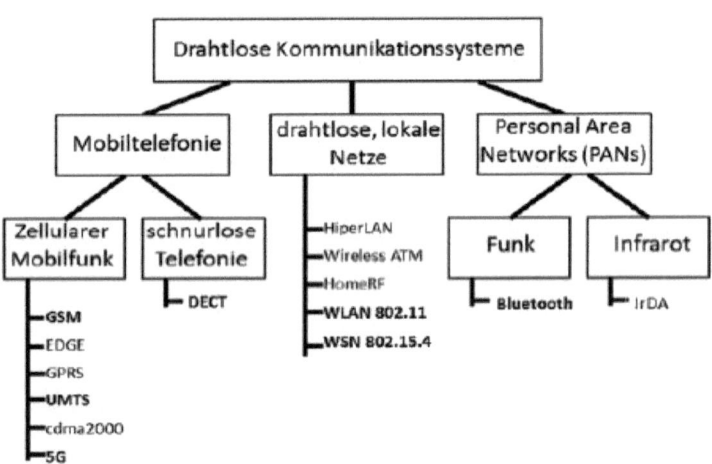

Quelle: *Westhoff, D.,* Mobile Security, 2020, S. 42

Angriffe auf der Ebene der Sicherungsschicht werden möglich, weil eine fehlerhafte
Datenübertragung auf Empfängerseite eher nachgearbeitet anstatt vom Versender
nochmals übertragen wird. Die Hacker haben hier zwar nur einen kleinen Spielraum,
nutzen diesen aber aus. Das Betriebssystem ist hier nicht die primäre Angriffsstelle
aber sekundär immer davon betroffen, da die Betriebssystemsoftware die Steuerung

---

[23] Vgl. *Baun, C.,* Computernetze kompakt, 2020, S. 38f.
[24] Vgl. *Westhoff, D.,* Mobile Security, 2020, S. 42.

verwaltet und zulässt.[25] Die Schwachstellen sind bekannt und die Verbindungen werden zunehmend besser geschützt. Im WLAN gibt es das relativ sichere WPA2 Verfahren. Die hier festgestellte Sicherheitslücke (KRACK) wurde mit dem neuen WPA3 Verfahren behoben, jedoch noch nicht überall als Standard vorausgesetzt.[26] Ein Netzwerk aus Sicht des Server-Betriebssystems, kann durch ein durchdachtes Konzept der Netzwerksegmentierung zu Client-Betriebssystemen viele Probleme vermeiden. Schwachstellen bilden hier, falsch eingestellte Firewalls und offene Ports. Außerdem muss das WLAN für Mitarbeiter von dem WLAN für Gäste getrennt werden.[27] Kein Computer der geschäftsmäßig eingesetzt wird, darf ohne Firewall genutzt werden. Die Wichtigkeit der Firewall kann nicht oft genug erwähnt werden. Mit einem Mobiltelefon lässt sich via „hot-spot" eine Internetverbindung auf ein anderes elektronisches Gerät delegieren. So kann sich ein Mitarbeiter durch die Mobiltelefon-Internetverbindung mit dem Laptop ins Netzwerk einwählen. Dadurch wird leider die, nach außen mit dem Internet kommunizierende, Firewall umgangen. Dies ist sehr gefährlich und grob fahrlässig.[28] Nicht zu unterschätzen sind Gefahren durch die höhere Gewalt oder einfach gesagt, durch Stromausfälle. Dies einen Schaden am Betriebssystem verursachen. Gleichzeitig können zum Zeitpunkt des Eintritts - noch geöffnete Dateien dadurch beschädigt werden.[29]

3.4.2 Anwender Ebene

Auf Anwender Ebene ist einer der bekanntesten Schwachstellen im Betriebssystem, die E-Mail-Anwendung. Durch ein unachtsames Klicken auf den E-Mail-Inhalt oder durch das Öffnen des E-Mail-Anhangs, kann Schadsoftware eingespielt werden. Auch Anwendungen und Konten können gesperrt und Benutzerdaten ausgespäht werden. Was ein E-Mail Klick so alles ausmachen kann, haben rund 700.000 Menschen in der Ukraine im Jahre 2015 zu Weihnachten feststellen müssen. Sie saßen im dunklen, weil ein von Hacker präparierter E-Mail Link, ein weitreichendes Stromnetz lahmlegte. Die Idee und das Verfahren dahinter klingen simpel und nicht sehr

---

[25] Vgl. *Westhoff, D.*, Mobile Security, 2020, S. 42ff.
[26] Vgl. *Westhoff, D.*, Mobile Security, 2020, S. 66ff.
[27] Vgl. *Darms, M. et al.*, IT-Sicherheit und Datenschutz im Gesundheitswesen, 2019, S. 19.
[28] Vgl. *Darms, M. et al.*, IT-Sicherheit und Datenschutz im Gesundheitswesen, 2019, S. 90.
[29] Vgl. *Darms, M. et al.*, IT-Sicherheit und Datenschutz im Gesundheitswesen, 2019, S. 12.

beeindruckend. Die Hacker versendeten E-Mails an die Mitarbeiter des Stromversorgers. Der gefakte Absender war ein bekannter Vertreter des Parlaments. In der Anlage der E-Mail befand sich eine Word (Microsoft Betriebssystem Anwendung) Datei. Diese enthielt ein Makro. Dadurch wurde eine Popup Meldung projiziert und lockte die Mitarbeiter durch die falsche Aussage, dass ihre Programme veraltet seien. Nachdem Sie der Anweisung gefolgt waren, das angehängte Makro zu aktivieren, hatten die Hacker Zugang zum System des Stromversorgers und konnten so diesen erheblichen Schaden anrichten. Generell sollten keine E-Mail-Dateianhänge von unbekannten Absendern geöffnet werden. Das gleiche gilt für Nachrichten in Chatprogrammen.[30] Ein weiter Sicherheitsfaktor zeigt sich bei Datenkraken wie Google und der ansteigenden Verbreitung von Apps. Diese wollen immer und möglichst sehr genau wissen, wo sich der Nutzer im Web aufhält. Interessen werden so ausgeforscht und das Internet Verhalten analysiert. Dieses Tracking hat sicherlich jeder von uns schon einmal gesehen. Gestern wird ein Produkt im Internet gesucht und die nächsten Tage wird das zufällig im Banner fast jeder Website angezeigt. IP-Logging, Cookies, Webbugs und Browser-Fingerprinting sind einige Begriffe dazu. Hier kommt letztendlich wieder der Internet-Browser des eingesetzten Betriebssystems zum Vorschein. Das Surfen im Internet bietet Hackern einen großen Spielraum, dem User oder dem System zu schaden. Es gibt unzählige Möglichkeiten und Täuschungsversuche.[31] Ein Thema, mit dem wohl jeder schon mal konfrontiert worden ist, heißt „Passwort-Sicherheit". Es reicht nicht aus, sichere und verschiedene Passwörter auszuwählen. Auch die regelmäßige Änderung wird für optimalen Schutz, vorausgesetzt. Hintergrund ist, dass es technisch Wochen dauern kann ein sicheres Passwort zu hacken (Passwort-Hash). Wenn dann das Passwort illegal genutzt werden könnte, wird in der Zwischenzeit durch das regelmäßige Ändern, ein Zugriff unmöglich.[32]

3.4.3 Sonstige Bedrohungen

Weitere Bedrohungen können entstehen, wenn vorhandene Sicherheitsvorkehrungen durch autorisierte Nutzer nicht genutzt oder gar ignoriert werden. Die Schatten-

---

[30] Vgl. *Darms, M. et al.,* IT-Sicherheit und Datenschutz im Gesundheitswesen, 2019, S. 26f.
[31] Vgl. *Darms, M. et al.,* IT-Sicherheit und Datenschutz im Gesundheitswesen, 2019, S. 55f.
[32] Vgl. *Darms, M. et al.,* IT-Sicherheit und Datenschutz im Gesundheitswesen, 2019, S. 15.

IT beschreibt die nicht genehmigte Verwendung von Hardware, Software, Cloud-Diensten sowie elektronischen Geräten die durch autorisierte Nutzer eingebaut, installiert oder ins Netzwerk gebracht werden. Dies kann nicht immer als ein vorsätzliches Handeln klassifiziert werden. Im privaten Bereich ist das gang und gäbe, im organisatorischen Bereich muss dies jedoch mit dem IT-Verantwortlichen abgesprochen werden.[33]

Bei der Auswahl von Android Apps ist Vorsicht geboten. Das von Google entwickelte quelloffene Betriebssystem Android (OS) weist erhebliche Sicherheitsmängel auf.[34]

Zum kurzen Verständnis, das Android System aus vier Schichten, dem LINUX Kernel, Bibliotheken, Anwendungsframework und der Anwendungsschicht für den User. Folgende Schwächen können in Bezug auf mobile Apps unter dem Android System genannt werden:

- Apps greifen trotz Einstellungen auch über mehr als den Nutzerdaten zu
- Bootforce ist möglich (Hackerangriff)
- Fehlende Umsetzung von Sicherheitsmaßnahmen durch App Entwickler (keine Verschlüsselung oder Zertifikate)[35]

Die berühmten Banking-Apps, die das TAN Verfahren als SMS-Nachricht verwenden, sind nicht auf dem neuesten Stand. Sofern ein Mobiltelefon mit Schadcode infiziert wurde, wird diese Methode relativ unsicher. Besser sind hier TAN Apps, die zusätzlich mit der Banking App zur Anmeldung und Bearbeitung, live vom Nutzer verwendet werden muss.[36]

4 Sicherheitskonzept

Informationssicherheit und Datenschutz muss in einer Organisation verwendet werden. Doch hier gibt es einen großen Spielraum. Viele Unternehmen sind sich im Klaren darüber, machen dies aber nur halbherzig. Unternehmen sind sich nicht bewusst, ab wann, also nach welchen Maßnahmen sie nun wirklich sicher sind. Organisationen können sich daran orientieren, dass System dann als sicher gelten, wenn der Aufwand eines Angreifers dessen Nutzen erheblich übersteigt. Dieser IT-Schutz ist

---

[33] Vgl. *Darms, M. et al.,* IT-Sicherheit und Datenschutz im Gesundheitswesen, 2019, S. 27f.
[34] Vgl. *Westhoff, D.,* Mobile Security, 2020, S. 165.
[35] Vgl. *Westhoff, D.,* Mobile Security, 2020, S. 189.
[36] Vgl. *Westhoff, D.,* Mobile Security, 2020, S. 194f.

kein Selbstzweck und sollte ein allgemeines Unternehmensziel sein. Ein Hackerangriff darf nicht zum Ausfall des Kernsystems führen. Natürlich ist eine gesunde Ein-
schätzung das A und O. Eine übertriebene Absicherung ist viel zu teuer und kann
ein kleines Unternehmen wirtschaftlich schädigen. Ein konkreter Schutzbedarf hängt
von der individuell eingeschätzten Kritikalität ab. Eine hundertprozentige Sicherheit
gibt es nicht. Allein schon aus der Tatsache, dass kein elektronisches Gerät inhärent
ist.[37]

4.1 Analyse

Einer Statistik zur Folge, geben Führungskräfte deutscher Unternehmen an, dass
Hackerangriffe zu 70% auf IT-Systeme erfolgen. Mit einem deutlichen Abstand
(27%) soll das 2. häufigste Ziel der Cyber-Attacken deutscher Unternehmen, das
vorsätzliche Stören und das Lahmlegen der Geschäftstätigkeit, sein.[38]

4.2 Umsetzung

Laut einer Umfrage geben alle befragten Industrieunternehmen an, in Bezug auf die
Festlegung von Zugriffsrechten ein Sicherheitskonzept zu 100 % im Einsatz haben.
Bereiche, die die Unternehmen unter 50% im Einsatz haben sind:

- Sicherheitszertifizierungen nach ISO oder BSI
- Einführung eines ISMS
- Regelmäßige Sicherheitsaudits[39]

In der Umsetzung des Sicherheitskonzeptes, gibt es die Möglichkeit den BSI Katalog
oder die ISO 27001 Richtlinien heranzuziehen. Der IT-Grundschutz laut BSI ist jedoch viel genauer und geht tiefer in die Materie und konzentriert sich eher auf Ein-
zelheiten. Die Standards der ISO fokussieren sich sehr auf das ISMS. Konkrete tech-

---

[37] Vgl. *Hanschke, I.*, Informationssicherheit und Datenschutz systematisch und nachhaltig gestalten, 2020, S. 2f.
[38] Vgl. *EY*, Konkrete Handlungen, 2019
[39] Vgl. *Bitkom*, Sicherheitsvorkehrungen, 2018

nische Fragestellungen können allerdings nur durch den IT-Grundschutz beantwortet werden. Beides kann ausreichend sein und sollte durch die eigene Organisation anhand der Anforderungen ausgewählt werden.[40]

4.3 Optimierung des Betriebssystems

In einer Organisation kann ein Konflikt zwischen eingesetzten elektronischen Geräten und dem eingesetzten Betriebssystem entstehen, wenn Geräte eine lange Lebensdauer aufweisen und das Betriebssystem in der Zwischenzeit schon drei Mal neu versioniert wurde. Aus diesen und ähnlichen Gründen wollen viele Unternehmen nicht auf neuere Systeme umsteigen, was letzten Endes aber bestraft werden kann. Experten sowie Hacker decken in Betriebssystemen Sicherheitslücken auf, und Software-Hersteller sind gezwungen diese durch Anpassungen und Neuentwicklungen zu schließen. Ein nicht aktuelles Betriebssystem bietet ein offenes Scheunentor für Angreifer. Updates und Aktualisierungen von Software-Systemen und -Programmen, sollten also automatisch durchgeführt werden. In manchen Organisationen ist dies jedoch nicht so einfach möglich. In der Medizin darf ein Beatmungsgerät oder anderes lebenswichtiges Gerät nicht einfach geupdated werden. Vor allem nicht währenddessen es Menschenleben retten soll. Updates werden kontrolliert eingespielt und anschließend ausgiebig getestet, bevor diese wiedereingesetzt werden dürfen. Im Vorfeld gilt jedoch, die Aktualisierung ist zuerst vom Hersteller medizinischer Geräte zu validieren! Davor darf nichts geupdated werden. Um beim Thema alter Geräte zu bleiben. Diese sollten wenn möglich vom Internet abgekappt eingesetzt werden. Die Digitalisierung macht Sinn, wenn es das Umfeld der eingesetzten Geräte auch hergibt. Alles ans Netz zu koppeln, sich jedoch den Sicherheitslücken nicht bewusst zu sein, ist eine schlechte Vorgehensweise.[41]

4.3.1 Benutzerverwaltung

Das Betriebssystem Apple OS X zählt zusammen mit Android und Windows zu den meistbekannten und meistgenutzten Betriebssystemen. Im Folgenden werden die Tipps zu Systemeinstellungen für Mac-PCs und Mac-Laptops aufgeführt. In

---

[40] Vgl. *Darms, M. et al.*, IT-Sicherheit und Datenschutz im Gesundheitswesen, 2019, S. 84f.
[41] Vgl. *Darms, M. et al.*, IT-Sicherheit und Datenschutz im Gesundheitswesen, 2019, S. 31f.

Windows lassen sich die meisten Einstellungen via Benutzeroberfläche (GUI) steuern. Beim Mac ist es teilweise nicht möglich und muss über sogenannten Command-Befehle ausgesteuert werden. Bei der Einrichtung des Systems (Neuinstallation) wird ein Benutzerkonto durch den Einführungsassistenten angelegt. Dieser ist jedoch immer ein Administrator-Konto (Admin). Es wird empfohlen, ein Standard-Benutzerkonto (Nicht-Admin) für alltägliche Aktivitäten zusätzlich einzurichten. Tägliche Administratorrechte zu haben scheint vorteilhaft zu sein, kann aber von Hackern leichter ausgenutzt werden. Wenn der PC hochgefahren wird und ein Gastzugang bei der Anmeldemaske aktiv geschalten ist, ist es Hackern möglich, sich einen Zugang zu verschaffen. Darum sollte dies deaktiviert werden, damit auch beim physischen Diebstahl des PCs oder Laptops, diese Angriffsmöglichkeit ausbleibt. Passwort Hinweise im Anmeldeverfahren sind ebenfalls unvorteilhaft, wenn es um die Sicherheit geht. Die von Haus aus installierten Firewalls, beziehen sich auf den eingehenden Schutz. Das heißt, Internetangriffe von außen sollen dadurch verhindert werden. Es gilt gleichzeitig eine zusätzliche Firewall einzubauen, die sich mit dem aushegenden Schutz umgibt. Malware (Schadprogrammen) kann dadurch die Internetverbindung, nachdem ein PC infiziert wurde, unterbunden werden. Dies wird als bidirektionale Firewall definiert. Ein zusätzlicher Schutzfaktor bietet die Festplattenverschlüsselung. Hierdurch werden Dateien und Ordner auf der Festplatte verschlüsselt. Hierzu kann die mitgelieferte FileVault-Festplattenverschlüsselung genutzt werden. Wenn ein PC vorübergehend nicht genutzt wird, kann die Bildschirmsperre als zusätzlichen Schutz vor Datenmissbrauch eingesetzt werden.[42] In einer Organisation sollte jeder autorisierte Benutzer die kleinstmöglichen Rechte haben, um den notwendigen Tätigkeiten nachkommen zu können. Zudem sind Nutzerkreise und Netzwerkbereiche präzise zu definieren und freizugeben. Wenn die Rechte zu willkürlich vergeben worden sind, kann es helfen die Systeme bei Bekanntwerden eines Angriffs herunterzufahren und infizierte Geräte vom Netz zu nehmen. Ein Notfallkonzept umfasst einen Strategieplan sowie zu durchführende Anweisungen im Ernstfall. Oft gibt es sogar interne Angriffe die im Vorfeld, durch die richtige Vergabe von Benutzerrechten auf Ebene des Betriebssystems und Applikationsebene, verhindert hätten werden können.[43] Passwörter sollten den Passwortrichtlinien entsprechen

---

[42] Vgl. *Darms, M. et al.*, IT-Sicherheit und Datenschutz im Gesundheitswesen, 2019, S. 57f.
[43] Vgl. *Darms, M. et al.*, IT-Sicherheit und Datenschutz im Gesundheitswesen, 2019, S. 18f.

und jeder Benutzer sollte bei der Anmeldung sich gegenüber eines IT-Systems immer authentisieren müssen.[44]

Nützliche Passwortrichtlinien können z.B. sein:

- mehr als 10 oder 12 Zeichen
- Groß- und Kleinbuchstaben
- mind. 2 Sonderzeichen
- kein Bezug zur Person oder Organisation
- kein bestimmtes Schema verwenden[45]

4.3.2 E-Mail (Outlook)

Absender einer E-Mail können von Hackern bewusst verändert werden. Das heißt, auch bei namentlich bekannten Absendern, ist das Öffnen eines Links oder einer Datei, behutsam und sparsam durchzuführen. Sofern selbst E-Mail verschlüsselt versendet werden, ist es gut zu Wissen keine personenbezogenen Daten in der Betreffzeile festzuhalten. Die Betreffzeile wird nicht verschlüsselt.[46] Besondere Beachtung gilt den Spam-Mails, die überwiegend zu Recht dort landen. Außerdem wird Virenschutzprogramm in der IT-Sicherheit zwingend vorausgesetzt. Sobald klar ist, dass die Spam-Mail keine wichtige E-Mail zu sein scheint, sollte diese ungeöffnet gelöscht werden. Das Öffnen würde dem Angreifer nur signalisieren, dass es einen aktiven Empfänger gibt.[47]

4.3.3 Windows Firewall

Die Firewall kann auch als Firewall-Software beschrieben werden. Sie schränkt anhand fester Regeln die Kommunikation zwischen unterschiedlichen Netzen oder Teilnehmern ein. Komponenten die Firewall-Regeln ausprägen sind u. a. IP-Adressen, Ports und Netzwerkprotokolle. Es gibt auch Firewalls auf Desktop-Ebene und Personal-Ebene. Diese schützen lediglich den einzelnen Computer vor unerwünsch-

---

[44] Vgl. *Darms, M. et al.*, IT-Sicherheit und Datenschutz im Gesundheitswesen, 2019, S. 43.
[45] Vgl. *Darms, M. et al.*, IT-Sicherheit und Datenschutz im Gesundheitswesen, 2019, S. 14f.
[46] Vgl. *Darms, M. et al.*, IT-Sicherheit und Datenschutz im Gesundheitswesen, 2019, S. 26f.
[47] Vgl. *Darms, M. et al.*, IT-Sicherheit und Datenschutz im Gesundheitswesen, 2019, S. 91.

- 18 -

ten Zugriffen. Um den Schutz zu verbessern, werden Firewalls auf separaten Netz-werkgeräten installiert. Also auf einem Gerät, das nicht das eigene zu schützendem System ist. Dadurch wird zusätzlich das eigene System mit dem öffentlichen Netz, um eine Schicht weiter trennt.[48]

Eine Firewall wird erst sicher durch die richtige Platzierung und Konfigurierung. Zu den Mindestanforderungen einer Firewall gehören:

- genereller Netzwerkschutz von Angriffen aus dem Internet
- untersagen von unerwünschten Verbindungen
- Aufrufen von schädlichen Internetseiten blockieren
- Ausführung bestimmter Dateien unterbinden
- Makro Entfernung bei Office-Dokumenten
- Protokollierung von ein- und ausgehenden Verbindungen
- Protokollierung von Änderungen durch Administratoren

Bei einem hohen Schutzbedarf werden zusätzlich weitere Filterelemente (Router) eingesetzt. Der Einsatz von mehreren Firewalls verschiedener Hersteller können ebenfalls einen zusätzlichen Schutz bieten. Eine neu entdeckte Schwachstelle eines Herstellers, bezieht sich somit nicht auf das gesamte Repertoire der relevanten Fire-walls. Ein möglicher Nachteil wäre nur auf Kostenebene denkbar.[49]

4.3.4 Windows Update

Einer der wichtigsten IT-Sicherheitsmaßnahmen ist der Punkt des Updates der Sys-teme. Dazu zählen Computersysteme, Arbeitsplatzsysteme, Server, Webserver und Anwendungen in Office oder sogar Webbrowser. Bei weniger kritischen Arbeits-platzsystemen kann die Funktion des automatischen Updates genutzt werden. Des Weiteren sollten nicht mehr verwendete Anwendungen und Applikationen entfernt (deinstalliert) werden. Somit können mögliche Angriffsstellen reduziert werden.[50]

---

[48] Vgl. *Baun, C.,* Computernetze kompakt, 2020, S. 23f
[49] Vgl. *Darms, M. et al.,* IT-Sicherheit und Datenschutz im Gesundheitswesen, 2019, S. 90f.
[50] Vgl. *Darms, M. et al.,* IT-Sicherheit und Datenschutz im Gesundheitswesen, 2019, S. 16.

4.3.5 Sonstige

Sonstige Optimierungsmöglichkeiten in Bezug auf das Windows Betriebssystem sind:

- AutoRun deaktivieren
- Dateiendungen immer anzeigen
- Automaitsche Updates Virenscanner
- Java Runtime deinstallieren
- PowerShell/Eingabeaufforderung (cmd) abschalten
- Back-up-Lösung einrichten
- Object Linking in Microsoft Office Programmen abschalten

Weitere Optimierungsmöglichkeiten im Apple OS X Betriebssystem sind:

- Automatische Anmeldung deaktivieren
- Sicherheits- u. Datenschutzeinstellungen regelmäßig überprüfen
- Passwortvorschläge abschalten
- VPN Software in öffentlichen WLAN einsetzen

Beim Android Betriebssystem von mobilen Geräten kann zusätzlich noch beachtet werden:

- automatische Sperre aktivieren
- PIN für den Zugriff einsetzen
- Kein geknacktes Betriebssystem („gerootet") im Einsatz
- Nur Apps von vertrauenswürdigen Quellen herunterladen
- Zugriffe der Apps minimieren (Standort, Kamera, Mikrofon...)[51]

Zuletzt soll noch die regelmäßige Datensicherung aller IT-Systeme genannt werden, da dies ein generelles und notwendiges Verfahren ist, um den Fortbestand des Betriebes und der Existenz zu sichern.[52] Dabei darf nicht außer Acht gelassen werden,

---

[51] Vgl. *Darms, M. et al.,* IT-Sicherheit und Datenschutz im Gesundheitswesen, 2019, S. 228ff.
[52] Vgl. *Darms, M. et al.,* IT-Sicherheit und Datenschutz im Gesundheitswesen, 2019, S. 12.

diese regelmäßigen Back-ups auch mal zu prüfen. Böses Erwachen bei denen die dies zu spät bemerken.[53]

4.4 Alternative Lösungen

Im Kapitel 4.3 wurden bekannte Ansätze und vorhandene Empfehlungen aufgeführt und in Verbindung mit einem Betriebssystem oder einer Anwendung gebracht. Die folgenden Unterpunkte dieses Kapitels, sind teilweise in der Fachliteratur so aufgeführt wurden jedoch für eine mögliche Vision und alternativen Lösung herangezogen. Das sind Punkte, die genannt wurden, aber deren Gewichtung diese Arbeit nochmals untermauern soll.

4.4.1 Cloud Lösung

Der Begriff Cloud (dt.: Wolke) definiert die Nutzung von spezieller IT-Software, IT-Infrastruktur und IT-Entwicklungsplattform über das Internet. Dazu werden also keine lokal physischen Ressourcen des Nutzers gemeint. Diese skalierbare und somit flexible Nutzungsmöglichkeit ist der Hauptgrund dafür, dass viele Unternehmen die Cloud anstatt dem eigenen Ausbau (lokal) vorziehen.[54]

Vorteile dieser Clouddienste lassen sich wie folgt nennen:

- Skalierung und Flexibilität der IT
- Effiziente Zusammenarbeit möglich
- Kosten- und Aufwandsreduzierung[55]

Etwas über 70% befragter Unternehmen nutzen aktiv Cloud-Technologien. Der Nutzungsfokus liegt vermehrt auf die Digitalisierung interner Prozesse, neuer Vertriebskanäle sowie dem bekannten Begriff „Industrie 4.0".[56] So schnell wie die Cloud vorangetrieben wurde, scheint die IT-Security jedoch nicht hinterher gekommen zu sein. Fehlender Datenschutz und Ausfälle entmächtigen den Trend.[57] Im Gegenzug

---

[53] Vgl. *Darms, M. et al.*, IT-Sicherheit und Datenschutz im Gesundheitswesen, 2019, S. 23.
[54] Vgl. *Lindner, D. et al.*, Der Weg in die Cloud, 2020, S. 7f.
[55] Vgl. *Lindner, D. et al.*, Der Weg in die Cloud, 2020, S. 16.
[56] Vgl. *Lindner, D. et al.*, Der Weg in die Cloud, 2020, S. 1f.
[57] Vgl. *Lindner, D. et al.*, Der Weg in die Cloud, 2020, S. 5f.

gibt es Cloud Anbieter, die das Thema Datenschutz ernst nehmen. Nur mit der gül-
tigen Datenschutzvereinbarung werden personenbezogene Daten erhoben und verarbeitet.[58] Trotz gültiger Datenschutzvereinbarungen kann es meist nicht vor Ort
überprüft werden. Das heißt, der Nutzer kann sich nicht davon überzeugen. Die Prozesse der Cloud-Anbieter erstrecken sich über den ganzen Kontinent und sind nur
schwer nachvollziehbar.[59] Gerade bei kleineren Unternehmen kann die Cloudba-
sierte Lösung helfen. Einer Statistik zu Folge, geben 90% aller befragten an, niemals
aufgrund von Cyber-Attacken nicht auf die Online Dienste zugegriffen haben zu können.[60]

4.4.2 Awareness

Awareness kann als Bewusstsein des Nutzers beschrieben werden. Der Faktor
Mensch spielt eine große Rolle, wenn es um die Einhaltung der IT-Sicherheit geht.
Sicherheitsrichtlinien bringen nur dann was, wenn diese auch beachtet werden. Si-
cherheitsfunktionen und Sicherheitsprogramme werden oft nicht mal eingesetzt. Mitarbeiter benötigen ein Grundverständnis der Informationssicherheit.[61] Eine Studie
des Verbands der Elektrotechnik zur Folge geben 77,1 % der insgesamt 90 befragten Mitgliedsunternehmen an, dass die Mangelnde Sensibilität für Risiken der
Mitarbeiter der häufigste Grund sei, wieso Cyber-Kriminelle mit Ihren Attacken so
erfolgreich sind. Mit 58,1 % folgt die Aussage, dass Angriffe einfach zu spät bemerkt
werden. 53,3 % der befragten Unternehmen sehen einen zusätzlichen Grund darin,
dass IT-Systeme den Attacken einfach nicht standhalten könne.[62] Das mangelnde
Problembewusstsein kann durch regelmäßige Mitarbeiterschulungen verbessert
werden. Für Administratoren und Informationssicherheitsverantwortliche sind Wei-
terbildungen in der IT-Sicherheit unverzichtbar.[63] Schulungen und Awareness-Pro-
gramme für Mitarbeiter müssen regelmäßiges Wiederholen durchführen. Die

[58] Vgl. *Selzer, A.*, Datenschutzrechtliche Zulässigkeit von Cloud-Computing-Services und deren
teilautomatisierte Überprüfbarkeit, 2020, S. 9f.
[59] Vgl. *Selzer, A.*, Datenschutzrechtliche Zulässigkeit von Cloud-Computing-Services und deren
teilautomatisierte Überprüfbarkeit, 2020, S. 37f.
[60] Vgl. *European Commission*, Cyber Attacken, 2020
[61] Vgl. *Darms, M. et al.*, IT-Sicherheit und Datenschutz im Gesundheitswesen, 2019, S. 92.
[62] Vgl. *VDE.*, Cyber Kriminelle, 2019
[63] Vgl. *Darms, M. et al.*, IT-Sicherheit und Datenschutz im Gesundheitswesen, 2019, S. 93.

Lerneinheiten können einfach und möglichst unterhaltend gestaltet werden. Lieber öfter als zu umfangreich.[64]

4.4.3 Digitalisierung und Industrie 4.0

Mobile Geräte prägen die Digitalisierung und das heutige Industrie 4.0. In Unternehmen werden immer mehr Mobile Devices eingesetzt. Die Schutzmaßnahmen dafür, sind meist nicht ausreichend in einem Sicherheitskonzept eingetragen. Werden Geräte gestohlen, ist es meist zu spät Angreifer von illegalen Aktionen abzuhalten. Mehr Geräte im Netz, bedeutet auch mehr Angriffsmöglichkeiten. Dies gilt auch im privaten Umfeld mobiler Endgeräte. Mögliche Schwachstellen mobiler Geräte sind:

- klein, handlich immer dabei
- Diebstahl fällt nicht so leicht auf
- sehr leistungsfähig (hohe Gestaltungsmöglichkeiten)
- drahtlose Kommunikation (weniger sicher)
- in verschiedene Netzwerke im Einsatz
- bei Nutzer wenig Awareness vorhanden
- oft zu wenig Updates
- mobile Attacken immer und überall möglich[65]

Durch die Digitalisierung wird auch das Netzwerk erweitert. Ein Ausbau heißt auch ein Mehrbedarf. Wichtig ist, dass Hacker keine Möglichkeit erhalten sollten, das Stromnetz lahmzulegen. Die Versorgungssicherheit scheint in einer Schweizer Umfrage nicht gut auszufallen. 68 Prozent der befragten Führungskräfte von Elektrizitätswerken und Energieversorgern schätzen die Anfälligkeit der Stromnetze für Hackerangriffe als sehr hoch oder hoch ein.[66] Bei der Cloud Lösung gilt es das Land einzuschätzen, in dem die Server betrieben werden. Indien z.B. zeigt eine starke Anfälligkeit von Stromausfällen. In einer Studie von 2011 – 2019 wurde ersichtlich, dass das Land Indien Spitzenreiter, der Stromausfälle ist. Rund 620 Millionen Personen sind betroffen gewesen. Mit weitem Abstand folgt Ukraine (230 Mil.), Bangladesch und Pakistan mit jeweils 150 Mill. betroffen Personen. Indien führt deutlich aufgrund des Geschehnisses vom 30.07.2012. Rund die Hälfte der Bevölkerung

[64] Vgl. *Darms, M. et al.*, IT-Sicherheit und Datenschutz im Gesundheitswesen, 2019, S. 19f.
[65] Vgl. *Darms, M. et al.*, IT-Sicherheit und Datenschutz im Gesundheitswesen, 2019, S. 59ff.
[66] Vgl. *Mohr, M.*, Gefahren im Netz, 2017

musste ca. 15 Min. aufgrund einer Überlastung des Stromnetzes, ohne Strom aus-kommen. Der Supergau lässt sich nicht voraussagen, jedoch kann dies ein Indiz da-für sein, sich mit der Infrastruktur des Landes zu befassen.[67] Im Grunde muss die Stromnetzversorgung durchdacht und geschützt werden. Auch Tiere können Strom-ausfälle verursachen, welches dann als Schaden unter IT- Sicherheit geführt werden kann. Seit 1987 bis 2016 konnte ermittelt werden, dass 671 Attacken auf Stromlei-tungen von Eichhörnchen und 255 auf Vögel zurückgeführt werden konnten. Diese Aussage soll nur als Gedankenanstoß fungieren, wie wichtig neben der technischen auch die physikalische Zusammensetzung des Aufbaus eines stabilen Stromnetzes, ist.[68] Die Digitalisierung in den Arbeitsabläufen macht Unternehmen zeitgleich an-greifbarer. Nicht nur die Auswahl der Netzausrüster der neuen Infrastruktur 5G, son-dern auch die Verifizierung der mobilen Endgeräte im Arbeitsablauf sollten streng überwacht und geprüft werden.[69] Bluetooth weist auch Sicherheitslücken auf. Ein Anwenderproblem liegt darin, dass die Schnittstelle, Beispielweise auf dem mobilen Gerät immer aktiv geschalten ist. Beim Pairing zweier Geräte wird normalerweise die Bestätigung angefordert, jedoch gibt es die Möglichkeit eine Verbindung auch ohne Bestätigung der Gegenseite aufzubauen. Es bleibt sogar technisch den Herstellern überlassen, eine Bestätigung durch den Nutzer sichtbar und somit relevant zu ma-chen.[70]

4.4.4 Quanten Computing

Die neue Vision in Bezug zur Informationstechnologie ist das Quanten Computing. Es ist bekannt, dass mit Quanten mehr Informationen verarbeitet, mehr Datenpakete übertragen, und bessere Verschlüsselungen in der Kryptographie dadurch möglich sind. Das zukünftige Quanteninternet ermöglicht physikalische Sicherheit und sorgt für hyperschnelle Koordinationen und Vernetzungen von Quantencomputern. Auch der Datenschutz und die IT-Sicherheit wird davon profitieren. Dank Quantentechno-logie kann ein hohes Qualitätsniveau und sicheres Kommunikationsverfahren einge-setzt werden.[71]

---

[67] Vgl. *MDPI, Die Welt,* Stromausfälle, 2019
[68] Vgl. *Brandt, M.,* Tiere als Hacker, 2016
[69] Vgl. *Westhoff, D.,* Mobile Security, 2020, S. 262.
[70] Vgl. *Westhoff, D.,* Mobile Security, 2020, S. 81.
[71] Vgl. *Fürnkranz, G.,* Vision Quanten-Internet, 2019, S. 276ff

5 Fazit

Betriebssysteme können einen guten Schutz vor unbekannten Angriffen bieten. Mit den richtigen Einstellungen lassen sich die Möglichkeiten eines Angriffs von außen wie auch von innen, reduzieren. Täglich gibt es Neuerungen, Updates und neu entdeckte Sicherheitslücken oder neue Wege diese durch einen Workaround auszumerzen. Es gibt mittlerweile so viele Einflussfaktoren, um die IT-Sicherheit zu optimieren, dass es schwer fällt den Überblick zu behalten. Der korrekte Ansatz ist, sich zu informieren und auf Organisationsebene sich mit dem BSI und einem ISMS zu beschäftigen. Ein Unternehmen soll ein Sicherheitsmanagement einführen und durch Qualitätsprüfungen kontinuierlich verbessern. Die Zertifizierung nach ISO 27001 kann dabei helfen, Standardrichtlinien dauerhaft zu verfolgen und zu erreichen. Die technischen Hilfestellungen sind klar, aber jedes noch so gute Sicherheitskonzept wird nichts bringen, wenn es nicht von den Menschen gelebt wird. Ein gewisses Engagement und diszipliniertes Verhalten, sind der Schlüssel zum Erfolg. Bei der IT-Sicherheit scheint das Wort „Betriebssystem" nicht so oft zu fallen, wie es betroffen ist. Sei es das Durchdringen einer Firewall, Kommunikation mit anderen mobilen Geräten oder Benutzerberechtigungen im Netzwerk, sie alle steuern auf ein Betriebssystem zu oder von einem hinweg. Es lohnt sich also auch alternative Lösungen zu betrachten, die damit sekundär die Sicherheit des Betriebssystems erhöhen könnten. Da die Cloud voll im Trend ist, sollte die IT-Sicherheit dieser Dienste verbessert werden. Vorstellbar wäre auch ein Anstieg von Cloud IT-Sicherheitsdiensten. Bezüglich dem Faktor Mensch, sollte dringend das Bewusstsein der IT-Sicherheit verbessert werden. Dieses Potenzial ist nicht annähernd ausgeschöpft. Die Digitalisierung schreitet so schnell voran, doch die Mobilen Geräte und das Thema „Industrie 4.0" hinkt in Sachen IT-Sicherheit noch hinterher. Spannend und in dieser Arbeit bereits angedeutet, ist die Vision des Quanten Computing. Die Patendatenbank müsste zu diesem Thema genaustens durchforscht werden, um die Behauptungen der sich dadurch enorm verbesserten IT-Sicherheit, zu bestätigen.

Literaturverzeichnis

Baun, Christian (2020): Computernetze kompakt. Eine an der Praxis orientierte Einführung für Studium und Berufspraxis. 5. Auflage (IT kompakt). Berlin: Springer Vieweg

Baun, Christian (2020): Operating Systems/ Betriebssysteme. Bilingual Edition: English - German/ Zweisprachige Ausgabe: Englisch - Deutsch. 1. Auflage. Wiesbaden: Springer Vieweg

Bitkom (Sicherheitsvorkehrungen, 2018), https://de.statista.com/statistik/daten/studie/444794/umfrage/umfrage-zu-technischen-it-sicherheitsmassnahmen-in-unternehmen/ (Zugriff: 2020-05-20)

Brandt, M. (Hacker Angriffe, 2019), https://de.statista.com/infografik/17721/verteilung-von-cyberattacken-nach-betroffenen-plattformen/ (Zugriff: 2020-05-20)

Brandt, M. (Tiere als Hacker, 2016), https://de.statista.com/infografik/4236/attacken-von-kleintieren-auf-stromleitungen/ (Zugriff: 2020-05-20)

Brandt, M. (Sicherheitsrisiko Betriebssystem, 2018), https://de.statista.com/infografik/12504/sicherheitsluecken-von-betriebssystemen/ (Zugriff: 2020-05-20)

Brandt, M. (Sicherheitsrisiko Software, 2015), https://de.statista.com/infografik/1848/sicherheits-schwachstellen-bei-software/ (Zugriff: 2020-05-20)

Darms, Martin; Haßfeld, Stefan; Fedtke, Stephen (2019): IT-Sicherheit und Datenschutz im Gesundheitswesen. Leitfaden für Ärzte, Apotheker, Informatiker und Geschäftsführer in Klinik und Praxis. Wiesbaden: Springer Fachmedien Wiesbaden

European Commission (Cyber Attacken, 2020), https://de.statista.com/statistik/daten/studie/235861/umfrage/cyber-attacken-auf-deutsche/ (Zugriff: 2020-05-20)

EY (Konkrete Handlungen, 2019), https://de.statista.com/statistik/daten/studie/760303/umfrage/angriffsformen-von-cyberkriminalitaet-gegen-deutsche-unternehmen/ (Zugriff: 2020-05-20)

Fürnkranz, Gösta (2019): A Vision Quanten-Internet. Ultraschnell und hackersicher. 1. Auflage. Berlin: Springer Vieweg

Hanschke, Inge (2020): Informationssicherheit und Datenschutz systematisch und nachhaltig gestalten. Eine kompakte Einführung in die Praxis. 2nd ed. Wiesbaden: Springer Vieweg

Kees, Alexandra; Markowski, Dominic R. (2019): P Open Source Enterprise Software. Grundlagen, Praxistauglichkeit und Marktübersicht quelloffener Unternehmenssoftware. 2., aktualisierte und erweiterte Auflage. Wiesbaden: Springer Vieweg

Kersten, Heinrich; Klett, Gerhard; Reuter, Jürgen (2020): IT-Sicherheitsmanagement nach der neuen ISO 27001. ISMS, Risiken, Kennziffern, Controls. 2., aktualisierte Auflage. Wiesbaden: Springer Vieweg

Lindner, Dominic; Niebler, Paul; Wenzel, Markus (2020): Der Weg in die Cloud. Ein Leitfaden für Unternehmer und Entscheider. Wiesbaden: Springer Gabler

MDPI, *Die Welt (Stromausfälle, 2019)*, https://de.statista.com/statistik/daten/studie/1063307/umfrage/stromausfaelle-weltweit-nach-anzahl-der-betroffenen-personen/ (Zugriff: 2020-05-20)

Mohr, M. *(Gefahren im Netz, 2017)*, https://de.statista.com/infografik/10417/cybersicherheit-der-stromnetze-in-der-schweiz/ (Zugriff: 2020-05-20)

Selzer, Annika *(2020):* Datenschutzrechtliche Zulässigkeit von Cloud-Computing-Services und deren teilautomatisierte Überprüfbarkeit. Eine Betrachtung unter Anwendung der Datenschutz-Grundverordnung. 1st ed. Wiesbaden: Springer Gabler

VDE *(Cyber Kriminelle, 2020)*, https://de.statista.com/statistik/daten/studie/1013758/umfrage/umfrage-zu-den-gruenden-erfolgreicher-cyber-attacken-in-deutschland/ (Zugriff: 2020-05-20)

Westhoff, Dirk *(2020):* Mobile Security. Schwachstellen verstehen und Angriffsszenarien nachvollziehen. 1. Auflage 2020. Berlin: Springer Vieweg

Internetquellen

o. V. (2020): BSI und ISO, <https://www.bsi.bund.de/DE/Themen/ITGrund-schutz/ITGrundschutzStandards/ITGrundschutzStandards_node.html> [Zugriff 2020-05-21]

o. V. (2016): Ständige Erreichbarkeit kann Leistungsniveau senken, <https://www.wiso-net.de/document/AEZT__000916578.html> (26.07.2016) [Zugriff 2019-02-26]

o. V. Digitale Medien, <https://de.wikipedia.org/wiki/Digitale_Medien.html> [Zugriff 2019-02-25]

Lembke, Gerald (2012): Integration von neuen und digitalen Medien im Unternehmen, <https://betriebswirteverlag.de/Der-Betriebswirt/03-2012/Der-Betriebs-wirt-Nr-3-2012-Printausgabe.html> (03.2012) [Zugriff 2019-02-26]

Frei, Lia: Der Einfluss sozialer Medien auf die psychische Gesundheit, <https://www.klaus-grawe-institut.ch/blog/der-einfluss-sozialer-medien-auf-die-psychische-gesundheit/> (05.09.2018) [Zugriff 2019-02-26]